한국디카시학 디카시선 027

야화, 숲을 거닐다

서 영 디카시집

도서출판 실천

야화, 숲을 거닐다
한국디카시학 디카시선 027

초판 1쇄 인쇄 | 2024년 11월 15일
초판 1쇄 발행 | 2024년 11월 20일

지 은 이 | 서 영
펴 낸 이 | 이어산
엮 은 이 | 이어산
기 획 · 제 작 | 한국디카시학회
발 행 처 | 도서출판 실천
등 록 번 호 | 서울 종로 바00196호 　등 록 일 자 | 2018년 7월 13일
　　　　　　| 진주제2021-000009호　　　　　| 2021년 3월 19일
서울사무실 | 서울특별시 종로구 율곡로 6길 36
　　　　　　 02)766-4580, 010-6687-4580

본사사무실 | 경남 진주시 동부로 169번길 12. 윙스타워지식산업센터 A동 705호
　　　　　　 055)763-2245, 010-3945-2245 팩스 055)762-0124

편 집 · 인 쇄 | 도서출판 실천

ISBN 979-11-92374-67-3
값 12,000원

* 이 책은 전부 또는 일부 내용을 재사용하려면 저작권자와 '도서출판 실천'의 동의를 받아야 합니다.
* 이 책의 국립중앙도서관 출판예정도서목록(CIP)은 서지정보유통지원시스템(http://seoji.nl.go.kr)과 국가자료종합목록시스템(http://www.nl.go.kr/kolisnet)에서 이용하실 수 있습니다.
* 잘못된 책은 교환해드립니다

야화, 숲을 거닐다

서 영 디카시집

■ 시인의 말

세상의 아름다운 빛을 소중히 담은
잊혀지지 않는 곡비의 노래
수많은 사유와 울림의 감정으로 누르고 또 누르고 비우고 또 비워
오롯이 남은 절제와 치유의 감정으로 거듭난 선한 영향력

그 착한 용기의 길로 이끌어 주시고
귀한 꽃으로 피워주신 스승님께
먼저 깊은 감사를 드립니다.

그리고 늘 곁에서 따뜻한 응원을 해주는
소중한 가족 감사합니다.

따뜻한 봄날
화신花身으로 오실 어머니께
서영의 디카시집 '야화, 숲을 거닐다'를
그리움의 향기로 고이 바칩니다…

2024년 늦은 가을
_서 영

■ 차례

1부
봄, 패러디

봄, 패러디 · 12
약속의 땅 · 14
시린 강에도 눈꽃은 내린다 · 16
소원을 켜다 · 18
끌림의 미학 · 20
유토피아로 가는 허상 · 22
카르마의 법칙 · 24
인간의 굴레 · 26
올가미 · 28
필로 소포스 · 30
균열 · 32
시간의 정체 위로 내리는 · 34
쾌락의 정원 · 36
심판 · 38
불가사리 · 40
에토스의 사색 · 42

2부
이브의 성

도피 메커니즘 · 46

가면무도회 · 48

해탈 · 50

파토스의 그림자 · 52

당신을 만나 · 54

수용과 허용 · 56

이브의 성 · 58

길을 잃을 항해라도 좋을 · 60

진화의 신비 · 62

기다립니다 · 64

공空 · 66

계절의 잔상 위로 봄은 피겠지 · 68

인연의 꽃길이 걸어온다 · 70

키론의 변辯 · 72

발레리노의 꿈 · 74

화신化身 · 76

3부
염화미소

눈물 · 80

모험에 나서다 · 82

세계일화 · 84

이별은 · 86

염화미소 · 88

겨울연가 · 90

연서 · 92

연애 · 94

어떻게 지냈니 · 96

괜찮아 · 98

춘소春笑 · 100

수심결 · 102

인생 한 줄 · 104

지금 · 106

비밀 정원 · 108

4부

에르고ergo의 사색

기억을 걷는 시간 · 112

야화, 숲을 거닐다 · 114

인연 · 116

은하수연銀河秀緣 · 118

갈매기의 꿈 · 120

공간 · 122

토스카를 깨우는 향기처럼 · 124

포에버리즘의 기억 · 126

귀의歸依 · 128

에르고ergo의 사색 · 130

묵음默音의 필로소피아 · 132

종갓집 · 134

모정의 향기 · 136

의분의 유토피아 · 138

파르티잔의 꿈 · 140

해설 · 142

1부

봄, 패러디

봄, 패러디

붙잡지 않고 보내줄 수 있다는 것

내 것이라 생각하지만

내 것이 아니므로

약속의 땅

하늘 길 가신 어머니

굽이굽이 강물 되어

화신化身으로 가신 길

화신花身으로 오시기를

시린 강에도 눈꽃은 내린다

잊고 싶어서

잊혀 질까봐

지금 여기에

소원을 켜다

간절한 눈물은

거친 손 골에 흐르고

당신의 기도는

새벽 별처럼 남았는데

끌림의 미학

청순함도

차가움도

당신의 노래가 되는 날

색다른 세상이 열리고

유토피아로 가는 허상

팽팽한 밤은 인간적이어서 뜨겁다

세상이 잠시 휴식하는 동안

취한 음표들이
불규칙적으로 반짝이는데

나는 무엇에 흔들리고 있는가

카르마의 법칙

되돌린 시간 위를 걷는다

차별 없이 내리는

윤회輪廻의 빛은

강물 되어 흐르는데

인간의 굴레

포획된 유토피아

해적왕의 거친 숨소리로 벗겨낸

갈증의 아작거림이라면

올가미

불확실에 대한 두려움.

조여오는 시간의 정체를 끊어내는

소리를 깨우는

필로 소포스 philo-sophos

고민하면 사라진다

가보지 않은 곳

해보지 않은 일

빛을 찾아서

균 열

고통의 굴곡

바위 협곡을 따라 피어나는

외마디 울림

하산을 서두르자

시간의 정체 위로 내리는

피하려 해도 피할 수 없는

운명의 바다

방황의 끝은

쾌락의 정원

창조력의 신화

깊고도 습한

태초의 울음소리

심판

축제를 즐긴다

살아온 날에 대한

살아갈 날을 위한

껍질의 반란처럼

불가사리

잡힐 듯 잡히지 않는다

분신의 분열

죽지 않는 퇴마의 기운은

에토스의 사색

고독으로 잉태한다

집중과 몰입

동요되지 않은
기류의 반영이 드러나는

2부

이브의 城

도피 메커니즘

두려워 말자

고립을 깨고 나온

자유라도 있으니까

가면무도회

갈증의 늪

채워도 채워도

목마른

집착의 입맞춤이란

해 탈

무모한 나아감이 아니다

차분하면서도 강하게

강하면서도 철저하게

완벽한 한 발

파토스의 그림자

완벽한 시작을 위한

일그러진 반영

치유를 갈망하는

소리의 정령 위로

숨을 모으고

당신을 만나

품어주시는 사랑

결이 다른 당신과 나는

오늘도

바라보며 닮아가는

수용과 허용

중심을 찾는다

진짜를 찾는다

도전의 소리에 집중하는

이브의 성城

정화의 숲

춤추는 언어의 마법

어둠을 깨는

파편의 유혹이 시작된다

길을 잃을 항해라도 좋을

오늘은

당신이 그리워

봄날의 기도를 심습니다

기다림의 순간은 섬이 되어

기억의 나무 위로 자라고

진화의 신비

원점으로 돌아오지 않는다

상상력을 통한

기억의 확장

창조의 대지는 시작된다

기다립니다

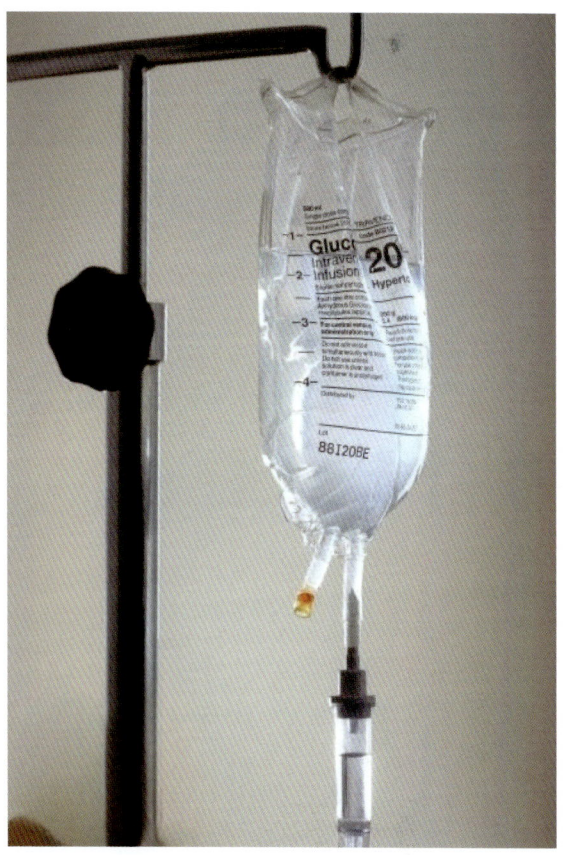

미안해요

아프게 해서

뜨거운 가슴으로 했던

그날의 서약

잊지 않고 돌아오기를

공空

명상으로 이끄는 시

선禪으로 가는

고요한 진리에 머무른다

*공空 : '없다'라는 뜻이 아니라 맑은 정신으로 자신과
　　　 타인의 깊은 연민의 삶에 마음을 연다는 의미

계절의 잔상 위로 봄은 피겠지

봄 안개 여며입고

기도한다

소멸의 계절 보내고 돌아선

나를 미워하지 말라고

청초한 사랑은 영원하다고

인연의 꽃길이 걸어온다

이젠 혼자 그리워 말자

좁은 하늘 떠나

봄날의 고백 휘감아 돌아온

그 길로

키론의 변辯

나아가야 할 때와

멈춰야 할 때를 안다

성숙한 포만감으로

술렁임의 파도를 넘나들며

발레리노의 꿈

허공을 날아

온전히

나를 벗어 던진다

울며 스러져 가던 세상

지젤의 태동으로 끓어오른다

화신化身

돌아오지 않을 걸 알면서도

이대로 망부석 되어

용화수 아래

차가운 불꽃 하나 내려놓고

3부
염화미소

눈 물

동그란 눈

그리움 가득 안고

온몸 부서져

훨훨 날아간다

너에게로

모험에 나서다

습격할지 모른다

어떤 순간

어떤 모습으로

두렵지 않은

그 길을

세계일화

세상의 중심

티끌 없는

푸른 세상 꿰뚫어

마음의 본바탕에 든다

이별은

겨울꽃 피워놓고

멀어져간 당신은

멈춰버린 시간을

추억으로 붙잡고 있다

염화미소

꽃이 핀다

내 마음과 네 마음에

낮은 곳으로 흐르는

사유의 꽃이

겨울 연가

하늘에 닿은 사랑

천년을 기다려도 이루지 못한 채

대지를 적시고

연 서

가슴 뛴다

별비 내리는 날

당신이 오신다기에

연 애

붉디 붉은 연정

입술에 꽃물 든다

다시 설레는 마음으로

어떻게 지냈니

만나자던 약속

늦었지만

천천히 나와

네 손 꼭 잡아줄게

괜찮아

스쳐간 바람

애써 기억하지 않는다

이젠

나를 품던 너에게로

춘소春笑

젖은 이불 걷고

따쓰한 바람

비집고 나온 아이

네가 웃는다

수심결

겹겹이 물든

마음 하나

허공으로 날아오른다

변하지도

끊어지지도 않은 채

인생 한 줄

희비의 쌍곡선 너머

녹아내리는 세월

떠남과 남음은

지금

하늘빛 바다와 마주 앉아있다

포말로 만든 달콤한 파도가

기억 위에서 춤춘다

비밀 정원

길고 긴 침묵 끝나는 날

심장이 멎도록

달려가고픈

4부

에르고ergo의 사색

기억을 걷는 시간

천공 속으로 던져버린

세레나데

뼈를 녹이는 고뇌로

상사화를 부르고 있는

그대는

야화, 숲을 거닐다

천국과 지옥을 넘나드는

청춘의 피날레

이젠

죽어도 좋을 만큼

인 연

억겁을 돌고 돌아

젖은 어깨 안아준

첫눈 같은 너는

은하수연 銀河秀緣

완전한 사랑

보낼 수도

떠날 수도 없는

향기 정원에서

깊은 밤을 날아간다

갈매기의 꿈

자유를 갈망한다

운명에 순응하고 싶지 않은

분열된 자아의
쫓고 쫓기는 추격전은 계속되고

- 2024년 1분기 국내 입국 탈북민 수는 43명. 현재 총 3만 4121명이라고 합니다. 자유를 갈망하는 그들의 목숨을 건 탈주는 보는 이를 가슴 아프게 합니다. 희망을 잃지 않고 자유를 향해 날아오르는 외로운 갈매기의 꿈을 위해 한국 정부와 국제 사회는 북한의 인권 개선을 위한 노력을 지속하고, 기본적인 안전과 자유가 보장될 수 있도록 다양한 한국 문화를 통한 지속적 노력이 필요한 시대입니다.

공간

외롭지 않은 온기

사랑, 물 위를 걸으며

어른이 되어가는

토스카를 깨우는 향기처럼

변화의 이끌림

걱정하지 않아도

운명처럼 일어날 일

동요되지 않는

유일한 소리

포에버리즘의 기억

우연을 가장한 행복으로

나를 깨운다

추억이 머무는

내 별장의 우물 속엔

시나몬의 향기가 표류하는데

귀의歸依

허공을 품은 적멸의 절규

장미정원을 돌아

영혼의 포말로 흩어진다

평화의 향기 품고서

에르고ergo의 사색

한낮에도 낮달은 있다

어둠에도 여명은 있다

별의 죽음과 환생

숨의 음각과 양각

세상 밖으로 나오는 시간은

묵음默音의 필로소피아

운명으로 조각된 세월

길을 따라 걸어간다

세상을 향한

인연의 메아리

미래의 바람으로 머문다

종갓집

바람이 쉬어가도 좋을

달빛 담장의 안부

어둠이 손님처럼 찾아와도

둥근 웃음으로 맞는

넉넉한 인심

모정의 향기

제 갈 길 찾아

쉬지 않고 가는 길

바람을 잠재운 고요함으로

익어가는 어머니의 정성이

가을 하늘에 서성이는데

의분의 유토피아

의식의 경계를 넘는

풀어진 봇짐

포경선에 올라탄

평화의 파도는

결정結晶의 회오리로 환생하고

파르티잔의 꿈

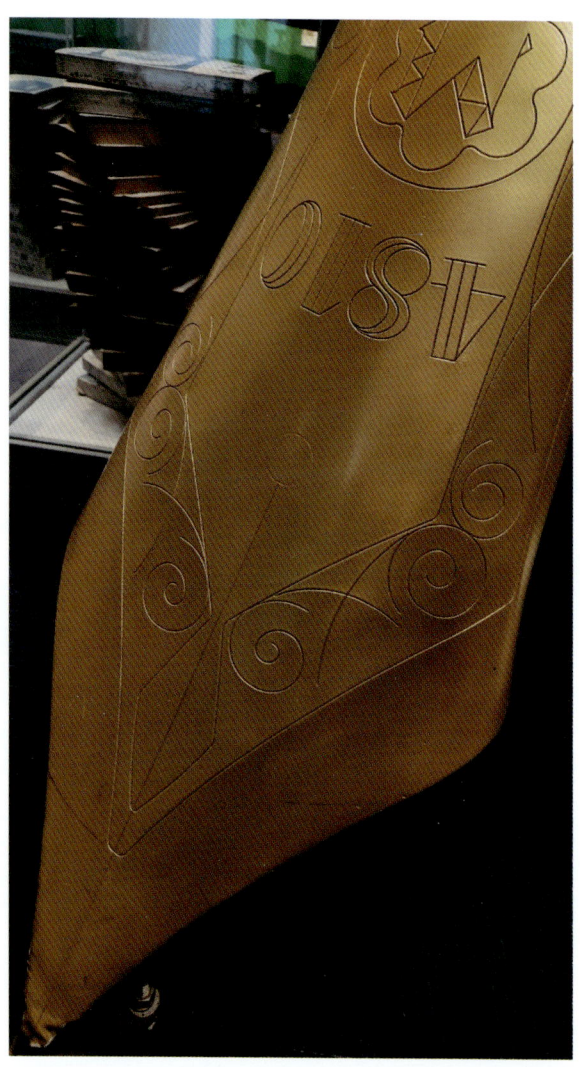

우주를 그려내는 기둥

고뇌의 시간은

숨가쁜 펜으로

목마른 뿌리를 묻고

□ 해설

서 영 디카시집 『야화, 숲을 거닐다』

이어산 (시인, 한국디카시학회 대표)

 시인은 자유로운 사상으로 세상을 해석하며 아무도 가보지 않은 미지의 세계를 개척하는 사람이다. 세상 사람들과 함께 살아가는 보편 속에서도 그들이 발견해내지 못한 그 무언가를 탐험하는 사람이다. 지금 우리는 스마트폰이 낳은 신인류라는 뜻의 포노사피엔스Phono sapiens 또는 호모스마트포니쿠스Homo Smartphonicus라고 불릴 정도로 스마트폰과 떼려야 뗄 수 없는 환경 속에서 살고 있다. 우리 생활에 디지털 기술이 적용되지 않은 부분이 없을 정도다. 이제 AI(인공지능)는 단일 유형의 데이터를 처리하던 수준을 넘어, 멀티모달Multi Modal AI로 진보하고 있다. 시각, 청각 등의 오감을 이용하여 정보를 학습하고 그것을 인간의 다양한 감각기관처럼 받아들여 사고할 수 있도록 만든 기술이다. 이런 첨단의 시대에 발맞춘 문학이 바로 디카시Dica-poem다. 이는 멀티모달 AI 시대에 최첨단 기술을 인문학에 접목한 선용善用 사례로 세계문학사에 기록될 것이다.

 디카시의 가치는 생의 비의秘義나 끊임없는 상상의 나라를 여행할 수 있는 자유가 있고, 인간의 사고와 정서, 인간다움에 대한 근원적 문제에, 현대인의 일부가 된 디지털 감성으로 최적화하여 접근하는 시문학이므로, 어쩌면 현생인류에게 가장 유용한 문학일 것이다. 아무리 AI 기술이 진보해도 80억 세상 사람의 감성을 모두 지배할 수는 없다. 혹 그런 기술이 있다고 해도 그것을 용납할 인류가 아니다. 그것은 인류의 멸망을 담보하는 것이기 때문이다. 그러므로 디지털 서정의 결정판이라고도 할 수 있는 디카시는 더욱 발전해갈 것이다.

 우리나라는 세계 최강의 디지털 강국이다. '디카시'가 새로운 K-문학 한류로 세계에 소개되고 있음은 어쩌면 당연한 일이다. 또한 디카시를 쓰는 인구가 국내외를 막론하고 가히 폭발적이라고 할 만큼 늘어나고 있다. 누구나 접

근할 수 있는 생활 문학으로 인식되고 있고, 쉽게 쓸 수도 있다. 그러나 디카시를 제대로 쓰기란 쉽지 않다. 왜냐하면 기존 시에서 다루지 못하던 영상을 결합하여 시의 의미를 더욱 확장, 발전시킨 장르이므로, 현장성과 즉물성, 촌철살인적 표현을 제대로 담아내기란 결코 쉬운 장르가 아니다. 누구나 노래를 즐길 수는 있어도 누구나 전문 가수가 될 수 없는 것과 같은 이치다.

이제 서영 시인이 펼쳐 갈 영토를 거닐어 봄으로써 그가 써 내려갈 디카시의 문예관과 문체의식의 포괄성과 총체성이 무엇인지를 일별해 볼까 한다.

서영 시인은 전국적인 디카시 공모전이나 문학상에서 우수한 성적으로 다수 입상한 경력이 있기에, 그의 첫 디카시집 『야화, 숲을 거닐다』는 어쩌면 현재 한국 디카시를 대표할 수도 있겠다.

붙잡지 않고 보내줄 수 있다는 것

내 것이라 생각하지만
내 것이 아니므로

_「봄, 페러디」 전문

위 작품은 2024년 '이형기디카시신인문학상'을 수상한 작품이다. 우리나라에서 꽤 비중 있는 상이다. 나는 이 작품을 대하는 순간, 서영 시인은 "철학적 명제를 통한 깨달음의 원환圓環 고리를 찾아가는 구도자 같다."라는 생각이 들었다. "내 것이라 생각하지만/ 내 것이 아니므로" 보낼 수 있다고 한다. 세상의 모든 비극은 욕심 때문이다. 그러므로 놔줘야 할 때 붙잡지 말아야 한다는 것이다. 꽁꽁 얼어붙은 겨울 연지蓮池에 눈까지 내린 황량한 풍경과,

말라비틀어진 연꽃, 화려했던 자태는 온데간데없고 초라한 모습으로 죽은 것 같은 연꽃의 몰골에 초점을 맞췄다. 사람들은 화려했거나 절정의 시절을 추억한다. 그러나 세상 만물은 거기에만 머물 수 없다. 죽음 뒤에 연꽃 봉우리에서 태어난 부처의 연화생蓮華生 전설을 들려주는 듯하다. 일단 영상의 빼어남과 시적 표현이 조응하여 큰 철학적 의미를 담아내고 있다. 서로 설명하지 않으면서도, 다시 오고야 마는 봄을, 존재론적 생명 순환 사상으로 표현하고 있다. 디카시dica-poem와 사진시photo-poem가 다르다는 것을 잘 보여주는 작품이다.

되돌린 시간 위를 걷는다

차별 없이 내리는

윤회輪廻의 빛은

강물 되어 흐르는데

_「카르마의 법칙」 전문

 위 작품은 계간《시와편견》디카시 부문 '신인작품상' 수상작이다.
 '행함' 또는 '업보'를 통하여 일어나는 존재론적 탐구다. "차별 없이 내리는/윤회輪廻의 빛"이다. 과거와 미래의 시간은 실상이 없지만, 현재와 연결되어 있다는 사실을 일깨우고 있다. '카르마의 법칙'이란, 원인은 반드시 '결과'를 만들어 낸다는 법칙이다. 즉, '뿌린 대로 거두는' 인과응보를 말하고 있다. 그러나 그 인과론은 사람답게 살아갈 때 완성된다. 서 영 시인은, 밤 분수대의 조명을 받아 비처럼 흩어져 내리는 물줄기에서 서정적 장면을 철학적 진술로 포착해 내는 시안詩眼은 놀라울 정도다. 그것은, "누구에게나 공평하게 내리는 '카르마의 법칙'"이라고 해석해 냄으로써 형이상학적 물리 법칙인 우주율宇宙律, 또는 철학적 명제를 표현한 인생론이다.

갈증의 혁명

채워도 채워도
목마른

집착의 입맞춤이란

_「가면무도회」 전문

 우리의 세상은 다양한 가면假面/Persona을 써야만 살아갈 수 있다. 싫어도 좋은 척해야 할 때가 있고, 분노가 치밀어 올라도 참아야 할 때가 있다. 결국 사람이란 상황에 맞는 여러 개의 가면을 가질 수밖에 없다. 그래야만 인간관계를 원만히 유지해 갈 수 있다. 결국 페르소나Persona는 나의 일부이며, 그것을 통하여 우리의 인격은 형성된다. 그러나 인간의 본능은 이 가면적 나와 싸우는 과정이

기도 하다. 우리의 본능은 욕망으로 발현되거나 '집착'으로 나타나기도 한다. 욕망이라는 집착이 심해지면 "채워도 채워도/ 목마른" 상태가 된다. 시인은 차라리 이 집착을 인정하고 그 집착에 "입맞춤" 하겠단다. 이것은 집착의 역설paradox이자 "갈증의 혁명"이다. 이것이 '가면무도회'라고 한다. 사진에는 새 한 마리가 목을 축이면서도 물속의 동전에 눈길을 보내는 듯하다. 인간의 속물성을 은유적으로 보여주고 있지만, 결국 인간이란, 채워도 채워도 목마른 삶이라는 것을 환유적 의미로 배열하여 페르소나 뒤에 숨겨진 진정한 자아를 인식하고 받아들이려는 실존의 몸부림이다.

아래의 시는 이 시집에 나타나는 실존적 '자아 탐구'의 변증법辨證法이다

창조력의 신화

깊고도 습한
태초의 울음소리

_「쾌락의 정원」 전문

 쾌락은 인생이 추구하는 최고의 행복이다. 시인이 말하는 '쾌락'은 감각적 차원과 정신적 차원이 혼재되어 있다. 그 쾌락은 "창조력의 신화"를 간직한 것으로 진술한다. 사진의 이끼 낀 돌담은 태초적 이미지와 원초적 이미지가 겹쳐진다. 마치 대지의 여신 '가이아의 생식'처럼, 초월적 창조력과 모성적 속성, 그리고 생명 순환과 지속성을 상징하는 원천으로서의 '쾌락'으로 읽힌다. 그것은 아리스토텔레스의 '쾌락주의'와는 궤를 달리하는 개념으로, 생명력의 근원이자 질서를 만들어 가는 신성하고 위대한 것이기 때문이다. 모성과 여성성을 대비시켜, 자신의 정체성을 찾아가려는 '생명 사상'과 '삶의 의미'가 연관되어 있음을 보여주고 있다.

중심을 찾는다

진짜를 찾는다

도전의 소리에 집중하는

_「수용과 허용」 전문

  사람은, 수용과 허용이라는 인간관계 속에서 살아간다. 존재하는 모든 것은 이 법칙에 기초하고 있다. 사랑을 이루어가는 일도 특정한 행동을 통해서가 아니라 '수용과 허용'이 사랑의 본질이다. 즉, 사랑은 '있는 그대로를 받아들이는 것'이다.

  이 디카시 역시 시인의 깊은 철학적 사고를 엿볼 수 있다. "단독자 인생으로서 살아간다는 것은, 잘못하면 나락으로 떨어지기 쉬운 인생의 위치에서 중심을 잡아가는 일이며, 도전의 방향성이 분명해야 성공할 수 있다."라고 시인은 말하고 있다. 이것은 '수용과 허용'의 경험을 통해서 자아自我를 완성해가는 여정이다. 이 '자아'를 온전히 찾을 수만 있다면 우리 인생 최고의 행복을 맛볼 수 있기 때문이다.

원점으로 돌아오지 않는다

상상력을 통한
기억의 확장

창조의 대지는 시작된다

_「진화의 신비」 전문

위 시는 마치 디카시 앞날의 방향을 제시하고 있는 듯하다. 세상은 "원점으로 돌아오지 않는다// 상상력을 통한/ 기억의 확장// 창조의 대지는 시작이 된다"고 하면서 이것을 '진화의 신비'라고 정의하고 있다. 디카시가 음악이나 미술 등 다른 예술과 다른 점은, 음악은 소리로 듣고, 미술은 눈으로 감상하는 차원이라면 디카시는 인간의 5관인 눈眼, 귀耳, 코鼻, 혀舌, 몸身, 뜻意에 모두 관련될 뿐 아니라 빛光을 더하므로 명실공히 현존하는 문학 중에서 가장 뛰어난 '디지털 멀티예술'이기 때문에 그 확장성은 무궁무진하다.

시는 말의 예술이다. 말은 인간이 인간임을 증명하는 가장 강력한 도구다. 그러므로 말을 다루는 시는, 모든 예술의 으뜸 자리에 있는 것이다. 디카시는 시가 추구하는 개념에 현대인의 생활방식이 된 영상이 합쳐진, 말과 빛 그림(사진)의 스마트 멀티예술이므로, 그 시적 의미나 예술성은 더욱 살아나야 한다는 것이 《한국디카시학회》에서 추구하는 방향이다. 또한 디카시는, 스마트폰으로 대표되는 디지털 문명에 의지하는 문학이다. 과거에는 상상도 할 수 없었던 여러 가지 기능이 탑재되어서, 말로 편집이 가능한 스마트폰도 곧 출시될 것이다. 이런 AI 기술의 진화에 함께 발맞추지 않으면 디카시는 설 자리가 없어진다. 현재 디카에세이, 동심디카시, 디카시조, 카메라시, 디지털사진시, 빛그림시 등 다양한 이름으로 디지털 기술을 이용하는 문학이 따라오고 있는데, "디카시 본래의 개념에 충실해야만 한다"라고 20년 전의 디카시 개념 타령하고 있을 때가 아니다. 이것은 선택의 문제가 아니라 필연적인 상황이다. AI 기술의 진보는 자연 그대로의 날것(生詩)으로는 감당할 수 없을 정도로 온갖 기능을 구현할 수 있는 시대로 가고 있기 때문에 디카시도 진보해야 한다.

하늘길 가신 어머니

굽이굽이 강물 되어
화신化身으로 가신 길

화신花身으로 오시기를

_「약속의 땅」 전문

 많은 시인이 그렇듯이 서영 시인 역시 그리움의 대명사 '어머니'에 대한 추억을 소환하고 있다. 시는 문장의 나열을 통한 의미 창출 이상의 것이다. 예술적 감흥, 아름다움을 느낄 수 없다면 독자는 그 시를 외면한다. 문학예술인 디카시도 마찬가지다. 우선 사진이 아름다워야 하고, 시적 표현도 그 사진을 설명하지 않으면서도 의미망으로 연결되어 더 큰 감동과 공감이 되어야 한다. 사진의 가독성이 떨어지거나 시적 표현이 미숙해도 좋은 디카시가 될 수 없다. 이런 의미에서 보면 위 디카시는, 그리움을 함의하는 풍경으로서의 사진 진술이 살아있다. '어머니'라는 이름은, 언제나 타임머신을 타고 품에 안길 수 있는 고향이다. 살아가면서 겪게 되는 고통과 괴로움을 위로해 주는 안식처 같은 대상이다. 하늘길 가신 시인의 어머니는 "굽이굽이 강물되어/ 화신化身으로 가신 길"이라고 했다. 부처가 중생을 구제하기 위해 여러 모습으로 세상에 오셨듯이, 어쩌면 시인의 어머니는 하늘의 선녀였는지도 모를 일이다. 실존으로 오지 못하신다면 꽃花身으로라도 오시기를 바란다는 시인의 애잔한 그리움에 가슴 뭉클하다.

시는 모든 예술을 뒷받침하는 근원이자 지휘자다. 시의 새로운 장르로 자리 잡은 디카시는 '예술'이라는 교향악단에서 가장 인기 있는 연주자 역할을 하고 있다. 그것은 일간 신문의 신춘문예와 문예지 등 여기저기에서 신인을 배출하고 있고, 전국 곳곳에서 공모전이나 백일장을 개최하는 지자체 등이 헤아릴 수 없이 늘어나고 있는 사실에서도 알 수 있다. 위 몇 편의 예시뿐 아니라, 서영 시인의 시 세계를 여행하는 동안 나는 그의 생명관과 미려한 문체의식, 그리고 철학적 사고를 통한 사진과 서정의 조응 능력을 찬탄할 수 밖에 없었다. 이제 그의 영토에서 펄럭일 '서영 시인의 디카시'라는 깃발을 상상한다. 만화방창萬化方暢한 디카시의 세계에서 그는 맨 앞줄에 서서 디카시를 이끌어 갈 것이기에 힘찬 박수로 축하를 보낸다.